AF343905

TARIF
DU PRIX DES GLACES
DE
LA MANUFACTURE
ROYALE
A PARIS
Chez C. CHEVILLARD
Marchand Miroitier sur le
Pont N. Dame a la Fortune
M·DCC·XXII·

N.°		l. 10. s.d	l. 6. s
N.°	8	l. 10. s.d	l. 6. s
N.°	1 0	12.6	7
N.°	1 2	1.	8
N.°	1 7	1.8.4	10
N.°	2 0	1.13.4	12
N.°	3 0	3	15
N.°	4 0	4	18
N.°	5 0	5	1
14	1 2	6	1. 5
15	1 2	7	1. 5
16	1 3	8	1. 10
17	1 4	10	2
18	1 5	12	2 10
19	1 6	14	3
20	1 6	15	3
21	1 7	17	3

22	18	19 l.	3 4.10 s.
23	18	21	3.15
24	19	23	4
25	20	27	4.10
26	21	33	5
27	21	36	5.10
28	22	41	6
29	23	46	7
30	24	52	8
31	24	57	9
32	25	68	10
33	25	80	11
34	26	90	12
35	26	100	13
36	26	110	14
37	27	120	15
38	28	130	16

39	29	140	17
40	30	150	18
41	31	160	19
42	32	170	20
43	33	180	24
44	33	190	25
45	33	200	26
46	34	215	27
47	34	222	29
48	34	230	33
49	35	246	35
50	35	255	36
51	36	268	38
52	36	275	40
53	37	293	42
54	37	305	44
55	38	325	46

56	38	340	48
57	39	360	50
58	39	370	53
59	40	390	55
60	40	400	57
61	41	430	59
62	41	440	63
63	42	470	65
64	42	480	67
65	43	510	69
66	43	520	71
67	44	560	76
68	44	580	78
69	45	600	80
70	45	620	85
71	46	660	90
72	46	680	100

73	47	720	110
74	47	735	120
75	48	765	130
76	48	780	150
77	49	840	160
78	49	880	170
79	50	960	180
80	50	1000	190
81	51	1115	200
82	51	1200	220
83	52	1315	250
84	52	1400	270
85	53	1515	290
86	53	1600	340
87	54	1715	380
88	54	1800	400
89	55	1915	400

9 0	5 5	2000^l	40 0^l
9 1	5 6	2120	45 0
9 2	5 6	2200	450
9 3	5 7	2320	450
9 4	5 7	2400	450
9 5	5 8	2520	450
9 6	5 8	2600	50 0
9 7	5 9	2720	5 00
9 8	5 9	2800	500
9 9	6 0	2920	500
1 00	6 0	3000	500

	14	15	16	17
10	$5^l.5^s$	$5^l.10^s$	$5^l.15^s$	6^l
11	5.10	6	6.10	7
12	6	7	7.10	8
13	7	7.10	8	9
14	8	8.10	9	10
15		9	10	11
16			11	12
17				13

	18	19	20	21
10	7	8	9	10
11	8	9	10	11
12	9	10	11	12
13	10	11	12	13
14	11	12	13	14
15	12	13	14	15
16	13	14	15	16
17	14	15	16	17
18	15	16	17	18
19		17	18	19
20			19	20
21				21

		22	23	24	25
10	11	12	13	14
11	12	13	14	15
12	13	14	15	16
13	14	15	16	17
14	15	16	17	18
15	16	17	18	19
16	17	18	19	20
17	18	19	20	21
18	19	21	22	23
19	20	22	23	25
20	21	23	25	27
21	23	25	27	29
22	25	27	29	31
23		29	31	33
24			33	35
25				37

	26	27	28	29
10	15	16	17	18
11	16	17	18	19
12	17	18	19	20
13	18	19	20	21
14	19	20	21	23
15	20	21	23	25
16	21	23	25	27
17	23	25	27	29
18	25	27	29	31
19	27	29	32	34
20	30	32	35	37
21	33	36	38	40
22	36	38	41	43
23	38	40	43	46
24	40	43	46	49
25	43	46	49	52
26	46	49	52	55
27		52	55	58
28			58	61
29				64

	30	31	32	33
10	19	20	21	22
11	20	21	22	24
12	21	23	25	27
13	23	25	27	29
14	25	27	29	32
15	27	29	32	35
16	29	32	35	38
17	31	35	38	41
18	34	38	41	44
19	37	41	44	47
20	40	44	47	50
21	43	47	50	53
22	46	50	53	57
23	49	53	57	64

	30	31	32	33
24	52	57	62	72
25	55	62	68	80
26	58	65	73	83
27	61	68	76	86
28	64	71	79	89
29	67	74	82	92
30	70	77	85	95
31		80	88	98
32			92	102
33				105

	34	35	36	37
10	23	24	26	28
11	26	28	29	31
12	29	30	32	34
13	31	33	35	37
14	34	36	38	41
15	37	40	42	45
16	41	44	47	50
17	44	48	52	55
18	47	51	55	60
19	50	54	58	64
20	53	58	63	69
21	57	63	68	73
22	62	70	76	81
23	70	76	84	88

	34	35	36	37
24	78	83	92	96
25	85	90	100	104
26	90	100	110	113
27	94	104	114	120
28	98	108	118	124
29	102	112	122	128
30	106	116	126	132
31	110	120	130	136
32	114	124	134	140
33	118	128	138	144
34	122	132	142	148
35		135	146	152
36			150	157
37				165

	38	39	40	41
10	30	32	34	36
11	33	35	37	39
12	36	38	40	43
13	39	41	44	46
14	43	45	48	50
15	47	49	52	54
16	52	54	67	59
17	57	59	62	64
18	62	64	67	70
19	67	70	73	76
20	72	75	78	82
21	76	80	84	88
22	84	88	91	95
23	92	96	99	102
24	100	103	106	110
25	108	111	114	118

	38	39	40	41
26	116	119	122	126
27	124	128	131	134
28	130	134	138	142
29	134	140	145	150
30	138	144	150	165
31	142	148	164	160
32	146	152	158	165
33	150	156	163	170
34	154	160	167	175
35	158	164	172	180
36	164	172	180	186
37	172	180	186	193
38	180	186	193	200
39		195	200	208
40			210	216
41				225

BIBLIOTHÈQUE NATIONALE R F

	42	43	44	45
10	38	40	42	44
11	41	44	46	48
12	45	48	50	53
13	49	52	55	57
14	53	56	59	62
15	57	60	63	66
16	62	65	68	72
17	67	70	73	77
18	73	76	79	82
19	79	82	86	89
20	85	88	92	95
21	91	95	99	103
22	99	103	107	111
23	106	111	115	120
24	114	119	124	129
25	122	128	133	138
26	130	136	141	146
27	138	144	149	154

	42	43	44	45
28	146	152	157	162
29	153	160	165	170
30	160	165	171	177
31	165	170	175	184
32	170	175	182	190
33	175	180	190	200
34	182	190	198	206
35	190	197	205	213
36	197	204	212	220
37	204	211	219	227
38	211	218	226	234
39	218	225	234	242
40	225	232	242	250
41	232	240	250	258
42	240	247	257	264
43		255	263	272
44			270	280
45				290

	46	47	48	49
10	46	48	50	52
11	51	53	55	58
12	55	58	60	63
13	60	63	66	68
14	65	68	71	74
15	69	73	76	79
16	75	79	82	86
17	81	84	88	91
18	86	90	94	97
19	93	96	100	103
20	99	102	106	109
21	107	111	115	119
22	116	120	124	128
23	124	129	133	138
24	133	138	143	148
25	143	148	153	158
26	151	156	161	167
27	159	164	169	175
28	167	172	177	184
29	175	180	185	194

	46	47	48	49
30	183	188	194	202
31	191	196	202	210
32	200	205	212	220
33	208	215	222	230
34	215	222	230	240
35	222	229	237	246
36	218	236	244	252
37	235	244	251	259
38	242	251	258	266
39	250	258	265	274
40	258	265	272	281
41	266	273	281	290
42	274	282	290	300
43	282	290	300	310
44	290	300	310	320
45	300	310	320	330
46	310	320	330	340
47		330	340	350
48			350	360
49				370

	50	51	52	53
10	54	56	58	60
11	60	62	64	66
11	65	68	70	72
13	71	74	76	78
14	77	80	82	84
15	83	86	88	91
16	89	92	94	97
17	95	98	100	103
18	101	104	106	109
19	107	110	113	116
20	113	116	119	123
21	123	126	129	133
22	133	136	139	143
23	143	146	149	153
24	153	156	159	163

	50	51	52	53
25	163	166	169	173
26	171	175	176	183
27	180	184	189	194
28	190	195	200	205
29	200	206	210	217
30	210	215	220	230
31	220	225	230	240
32	230	236	240	250
33	240	245	250	260
34	250	255	260	270
35	255	260	270	280
36	266	268	275	285
37	267	275	284	293
38	275	284	293	302
39	283	292	301	310

	50	51	52	53
40	290	300	310	320
41	300	310	320	330
42	310	320	330	340
43	320	330	340	350
44	330	340	350	360
45	340	350	360	370
46	350	360	370	380
47	360	370	380	390
48	370	380	390	405
49	380	390	405	425
50	390	405	425	440
51		425	440	455
52			455	470
53				485

	54	55	56	57
10	62	64	66	68
11	68	70	72	75
12	74	76	79	82
13	80	83	86	88
14	87	89	92	95
15	93	96	99	102
16	99	102	106	110
17	106	108	113	117
18	112	115	120	125
19	119	122	127	133
20	126	130	136	142
21	136	140	146	152
22	146	150	156	162
23	156	160	166	172
24	166	170	176	182
25	176	180	186	192

		54	55	56	57
26		187	192	198	205
27		199	204	210	218
28		210	216	223	232
29		223	228	236	246
30		235	240	250	260
31		245	250	260	270
32		255	260	270	280
33		265	270	280	290
34		275	280	290	300
35		285	290	300	310
36		295	300	320	330
37		305	315	330	340
38		315	325	340	350
39		325	335	350	360
40		335	345	360	370
41		345	355	370	380

	54	55	56	57
42	365	365	380	390
43	365	375	390	400
44	375	385	400	410
45	385	395	410	425
46	395	405	425	440
47	405	425	440	455
48	425	440	455	470
49	440	455	470	485
50	455	470	485	500
51	470	485	500	515
52	485	500	515	530
53	500	515	530	545
54	515	530	545	560
55		545	560	580
56			580	600
57				620

	58	59	60	61
10	70	72	75	77
11	77	80	82	85
12	84	87	90	93
13	91	94	97	100
14	98	101	105	108
15	105	108	112	116
16	114	118	122	126
17	122	127	131	135
18	130	135	141	145
19	138	144	150	155
20	148	154	160	165
21	158	164	170	176
22	168	174	180	186
23	178	184	190	195
24	188	194	200	205
25	200	205	210	216
26	214	219	224	230

	58	59	60	61
27	228	233	238	245
28	242	247	252	259
29	256	261	266	273
30	270	276	280	285
31	280	285	290	295
32	290	295	300	310
33	300	305	315	325
34	310	320	330	340
35	325	335	345	355
36	340	360	360	370
37	350	360	370	385
38	360	370	380	395
39	370	380	390	405
40	380	390	400	420
41	390	405	415	430
42	400	415	430	445
43	410	425	440	455

	58	59	60	61
44	425	440	455	470
45	440	455	470	485
46	455	470	485	500
47	470	485	500	515
48	485	500	515	530
49	500	515	530	545
50	515	530	545	560
51	530	545	560	580
52	545	560	580	600
53	560	580	600	620
54	580	600	620	640
55	600	620	640	660
56	620	640	660	680
57	640	660	680	700
58	660	680	700	720
59		700	720	740
60			740	760

	62	63	64	65
10	80	82	85	87
11	88	99	93	96
12	96	99	102	105
13	104	107	110	113
14	112	115	119	122
15	120	123	127	131
16	130	134	138	142
17	140	144	148	152
18	150	154	159	163
19	160	164	169	174
20	170	175	180	185
21	180	185	190	196
22	190	196	201	207
23	201	206	212	218
24	211	217	223	229
25	222	228	234	240
26	237	243	250	257

	62	63	64	66
27	252	259	266	274
28	267	274	280	290
29	280	285	295	305
30	290	300	310	320
31	305	315	325	335
32	320	330	340	350
33	335	345	355	365
34	350	360	370	380
35	365	375	385	395
36	380	390	400	410
37	395	405	415	425
38	410	420	430	440
39	420	430	440	455
40	430	445	455	470
41	440	460	470	485
42	455	470	480	500
43	470	480	495	510

	62	63	64	65
44	485	500	515	530
45	500	515	530	545
46	515	530	545	560
47	530	545	560	580
48	545	560	580	600
49	560	580	600	620
50	580	600	620	640
51	600	620	640	660
52	620	640	660	680
53	640	660	680	700
54	660	680	700	720
55	680	700	720	740
56	700	720	740	760
57	720	740	760	780
58	740	760	780	800
59	760	780	800	820
60	780	800	820	840

	66	67	68	69
10	90	92	95	97
11	99	101	104	107
12	108	111	114	117
13	117	120	123	126
14	126	129	133	136
15	135	138	142	146
16	146	150	154	158
17	157	161	165	169
18	168	172	177	181
19	179	183	188	193
20	190	195	200	205
21	201	206	211	216
22	212	217	223	228
23	223	229	234	240
24	234	240	246	252
25	246	252	258	264
26	263	270	276	283

	66	67	68	69
27	281	288	295	302
28	298	306	314	322
29	315	324	333	341
30	330	340	350	360
31	345	355	365	375
32	360	370	380	390
33	375	385	395	405
34	390	400	410	420
35	405	415	425	435
36	420	430	440	450
37	435	445	455	465
38	450	460	470	480
39	465	475	485	500
40	480	490	505	520
41	495	510	525	540
42	510	525	540	560
43	520	540	560	580

	66	67	68	69
44	540	560	580	590
45	560	580	590	600
46	580	595	605	620
47	600	615	625	640
48	620	635	645	660
49	640	655	665	680
50	660	675	685	700
51	680	695	705	720
52	700	715	725	740
53	720	735	745	760
54	740	755	765	780
55	760	775	785	800
56	780	795	805	820
57	800	815	825	840
58	820	835	845	880
59	840	855	880	920
60	860	880	920	960

	70	71	72	73
1 0	100	103	106	109
1 1	110	113	116	120
1 2	120	123	127	131
1 3	130	134	138	142
1 4	140	144	149	153
1 5	150	155	160	165
1 6	162	167	172	177
1 7	174	179	184	190
1 8	186	191	197	202
1 9	198	203	209	215
20	210	216	222	228
21	222	228	235	241
22	234	241	248	255
23	246	253	261	269
24	258	266	274	283
25	270	279	288	297
26	290	299	308	317

	70	71	72	73
27	310	319	328	338
28	330	339	349	358
29	350	359	369	379
30	370	380	390	400
31	385	396	407	418
32	400	412	424	436
33	415	428	441	454
34	430	444	458	472
35	445	460	475	490
36	460	475	490	505
37	475	490	505	520
38	490	505	520	540
39	510	525	540	560
40	530	545	560	580
41	550	565	580	600
42	570	585	600	620
43	590	605	620	640

	70	71	72	73
44	600	620	640	660
45	620	640	660	680
46	640	660	680	700
47	660	680	700	720
48	680	700	720	740
49	700	720	740	760
50	720	740	760	780
51	740	760	780	800
52	760	780	800	820
53	780	800	820	840
54	800	820	840	880
55	820	840	880	920
56	840	880	920	960
57	880	920	960	1000
58	920	960	1000	1030
59	960	1000	1030	1060
60	1000	1030	1060	1090

	74	75	76	77
10	112	115	118	121
11	123	127	130	133
12	135	139	142	146
13	146	151	155	159
14	158	163	167	172
15	170	175	180	185
16	182	188	193	198
17	195	201	206	211
18	208	214	219	225
19	221	227	232	238
20	234	240	246	252
21	248	255	261	268
22	262	270	277	284
23	277	285	292	300
24	291	300	308	316
25	306	315	324	333
26	326	336	345	354

	74	75	76	77
27	347	357	366	375
28	368	378	387	397
29	389	399	408	418
30	410	420	430	440
31	429	440	451	462
32	448	461	473	485
33	468	481	494	508
34	486	501	515	530
35	505	520	535	550
36	520	540	555	570
37	540	560	575	590
38	560	580	595	610
39	580	600	615	630
40	600	620	635	650
41	620	640	655	670
42	640	660	675	690
43	660	680	695	710

	74	75	76	77
44	680	700	710	725
45	700	710	720	740
46	715	725	740	760
47	735	745	760	780
48	755	765	780	800
49	775	785	800	840
50	795	805	840	880
51	820	840	880	920
52	840	880	920	960
53	880	920	960	1000
54	920	960	1000	1030
55	960	1000	1030	1060
56	1000	1030	1060	1090
57	1030	1060	1090	1120
58	1060	1090	1120	1150
59	1090	1120	1150	1170
60	1120	1150	1170	1190

	78	79	80	81
10	124	127	133	145
11	137	140	147	159
12	150	154	162	175
13	163	167	176	192
14	176	181	190	209
15	190	195	205	225
16	203	208	220	242
17	217	222	235	259
18	230	236	250	276
19	244	250	265	293
20	258	264	280	310
21	274	281	295	330
22	291	298	312	351
23	308	316	330	372
24	325	333	350	393
25	342	351	370	414
26	363	372	390	440

	78	79	80	81
27	385	394	410	466
28	406	416	430	492
29	428	438	450	518
30	450	460	475	544
31	473	484	500	572
32	497	509	525	600
33	521	534	550	629
34	545	559	575	657
35	565	580	600	685
36	585	600	620	707
37	605	620	640	729
38	625	640	660	750
39	645	660	680	772
40	665	680	700	794
41	685	700	720	815
42	705	720	740	837
43	725	740	760	859

	78	79	80	81
44	740	760	780	881
45	760	780	800	902
46	780	800	840	939
47	800	840	880	976
48	840	880	920	1013
49	880	920	960	1049
50	920	960	1000	1086
51	960	1000	1030	1115
52	1000	1030	1060	1145
53	1030	1060	1090	1174
54	1060	1090	1120	1203
55	1090	1120	1150	1232
56	1120	1150	1170	1254
57	1150	1170	1190	1276
58	1170	1190	1210	1297
59	1190	1210	1230	1319
60	1210	1230	1250	1341

	82	83	84	85
10	156	168	179	190
11	174	189	204	216
12	193	211	228	242
13	212	232	253	268
14	232	255	278	295
15	251	277	302	321
16	271	299	328	348
17	290	322	353	375
18	310	345	379	402
19	330	367	405	429
20	350	390	430	456
21	373	416	459	487
22	397	443	489	518
23	421	469	518	549
24	444	496	547	580
25	468	522	576	611
26	498	556	614	652

	82	83	84	85
27	528	590	653	692
28	558	624	691	733
29	588	658	729	773
30	618	692	767	813
31	649	725	802	850
32	679	758	837	888
33	710	791	872	925
34	740	823	907	962
35	771	856	942	999
36	794	881	969	1028
37	818	907	996	1056
38	841	932	1023	1085
39	864	957	1049	1113
40	888	982	1076	1142
41	911	1007	1103	1170
42	935	1033	1130	1199
43	958	1058	1157	1227

	82	83	84	85
44	982	1083	1184	1256
45	1005	1108	1211	1285
46	1039	1138	1238	1313
47	1072	1169	1265	1342
48	1106	1199	1292	1370
49	1139	1229	1319	1399
50	1173	1259	1346	1428
51	1200	1287	1373	1457
52	1230	1315	1400	1486
53	1258	1342	1426	1515
54	1286	1370	1453	1543
55	1315	1398	1480	1571
56	1338	1423	1507	1599
57	1362	1448	1534	1627
58	1385	1473	1561	1656
59	1409	1498	1588	1684
60	1432	1523	1615	1713

	86	87	88	89
10	201	211	222	232
11	228	240	252	264
12	256	269	283	296
13	284	299	313	328
14	311	328	344	360
15	339	357	375	392
16	368	387	406	425
17	396	417	438	458
18	425	447	469	491
19	454	477	501	524
20	483	508	533	557
21	515	542	569	595
22	548	577	605	633
23	581	611	641	671
24	614	646	678	708
25	646	680	714	746
26	689	725	761	796

	86	87	88	89
27	732	770	808	845
28	775	815	855	894
29	817	860	902	943
30	860	905	950	993
31	899	946	993	1038
32	938	987	1036	1083
33	978	1028	1079	1129
34	1017	1069	1123	1174
35	1056	1111	1166	1219
36	1086	1143	1200	1254
37	1116	1175	1233	1289
38	1147	1206	1266	1324
39	1177	1238	1300	1359
40	1207	1270	1333	1393
41	1237	1302	1366	1428
42	1267	1333	1400	1463
43	1298	1365	1433	1498

	86	87	88	89
44	1328	1397	1466	1533
45	1358	1429	1500	1568
46	1388	1461	1533	1603
47	1418	1492	1566	1637
48	1449	1524	1600	1672
49	1479	1556	1633	1707
50	1509	1588	1666	1742
51	1539	1619	1700	1777
52	1569	1651	1733	1812
53	1600	1683	1766	1846
54	1630	1715	1800	1881
55	1660	1746	1833	1915
56	1690	1778	1866	1951
57	1720	1810	1900	1986
58	1750	1842	1933	2021
59	1781	1873	1966	2056
60	1811	1905	2000	2090

	90	91	92	93
10	242	252	261	271
11	275	286	297	308
12	309	321	333	345
13	342	356	369	383
14	375	390	405	420
15	409	425	441	457
16	443	461	479	496
17	478	497	516	535
18	512	533	553	573
19	547	569	591	612
20	581	605	628	651
21	621	646	671	695
22	660	687	713	739
23	700	728	756	783
24	739	769	799	827
25	779	810	841	872
26	830	864	897	929

	90	91	92	93
27	882	917	952	987
28	933	971	1008	1044
29	984	1024	1064	1102
30	1036	1078	1119	1159
31	1083	1127	1170	1212
32	1130	1176	1221	1265
33	1178	1225	1272	1318
34	1225	1274	1323	1371
35	1272	1323	1375	1424
36	1309	1361	1414	1465
37	1345	1399	1453	1505
38	1381	1437	1492	1546
39	1418	1475	1532	1587
40	1454	1513	1571	1627
41	1490	1550	1610	1668
42	1527	1588	1650	1709
43	1563	1626	1689	1749

	90	91	92	93
44	1600	1664	1728	1790
45	1636	1702	1767	1831
46	1672	1739	1807	1872
47	1709	1777	1846	1912
48	1745	1815	1885	1953
49	1781	1853	1925	1994
50	1818	1891	1964	2034
51	1854	1929	2003	2075
52	1890	1966	2042	2116
53	1927	2004	2082	2156
54	1963	2042	2121	2197
55	2000	2081	2160	2238
56	2036	2120	2200	2279
57	2072	2156	2239	2320
58	2109	2193	2278	2361
59	2145	2231	2317	2401
60	2181	2269	2357	2441

	94	95	96	97
10	280	289	298	307
11	319	329	339	349
12	357	369	381	392
13	396	409	422	434
14	435	449	463	476
15	473	489	504	519
16	513	530	546	562
17	553	571	589	606
18	593	612	632	650
19	633	654	674	694
20	673	695	717	738
21	719	742	765	788
22	765	789	814	838
23	810	837	863	888
24	856	884	911	938
25	902	931	960	988
26	961	992	1024	1054

	94	95	96	97
27	1021	1054	1087	1119
28	1080	1115	1150	1184
29	1140	1177	1214	1249
30	1200	1238	1277	1315
31	1254	1295	1335	1375
32	1309	1351	1394	1435
33	1364	1408	1452	1495
34	1418	1464	1510	1555
35	1473	1521	1568	1615
36	1515	1564	1613	1661
37	1557	1608	1658	1707
38	1600	1651	1703	1753
39	1642	1695	1748	1799
40	1684	1738	1793	1845
41	1726	1782	1837	1891
42	1768	1825	1882	1938
43	1810	1869	1927	1984

	94	95	96	97
44	1852	1912	1972	2030
45	1894	1956	2017	2076
46	1936	1999	2062	2122
47	1978	2042	2106	2168
48	2021	2086	2151	2214
49	2063	2129	2196	2261
50	2105	2173	2241	2307
51	2147	2216	2286	2353
52	2189	2260	2331	2399
53	2231	2303	2375	2445
54	2273	2347	2420	2491
55	2315	2390	2465	2537
56	2357	2434	2510	2584
57	2400	2477	2555	2630
58	2442	2520	2600	2675
59	2484	2564	2644	2720
60	2526	2608	2689	2768

	98	99	100
10	316	324	333
11	359	369	379
12	403	414	424
13	446	458	470
14	490	503	516
15	533	548	562
16	578	594	610
17	623	640	657
18	669	687	705
19	714	733	752
20	759	779	800
21	810	832	854
22	862	885	908
23	913	938	962
24	965	99	110 17
25	10 16	10 44	107 1
26	1084	1113	1142

	98	99	100	
27	1151	1181	1212	
28	1218	1250	1283	
29	1285	1319	1354	
30	1352	1388	1425	
31	1414	1452	1490	
32	1475	1515	1555	
33	1537	1578	1620	
34	1599	1642	1685	
35	1661	1705	1750	
36	1708	1754	1800	
37	1755	1802	1850	
38	1803	1851	1900	
39	1850	1900	1950	
40	1898	1949	2000	
41	1945	1997	2050	
42	1993	2046	2100	
43	2040	2095	2150	

	98	99	100	
44	2088	2144	2200	
45	2135	2192	2250	
46	2183	2241	2300	
47	2230	2290	2350	
48	2278	2338	2400	
49	2325	2387	2450	
50	2372	2436	2500	
51	2420	2484	2550	
52	2467	2532	2600	
53	2515	2581	2650	
54	2562	2630	2700	
55	2610	2679	2750	
56	2657	2727	2800	
57	2705	2776	2850	
58	2752	2825	2900	
59	2800	2873	2950	
60	2847	2920	3000	

	1		$\frac{1}{12}$		2		3	
	l.	s.	l.	s.	l.	s.	l.	s.
12	:	6	:	7	:	12	:	18
13	:	7	:	8	:	14	1 :	1
14	:	8	:	10	:	16	1 :	4
15	:	9	:	11	:	18	1 :	7
16	:	10	:	12	1 :		1 :	10
17	:	11	:	13	1 :	2	1 :	13
18	:	12	:	15	1 :	4	1 :	16
19	:	13	:	17	1 :	6	1 :	19
20	:	15	:	19	1 :	10	2 :	5
21	:	17	1 :	1	1 :	14	2 :	11
22	:	19	1 :	3	1 :	18	2 :	17
23	1 :	1	1 :	5	2 :	2	3 :	3
24	1 :	3	1 :	7	2 :	6	3 :	9
25	1 :	5	1 :	9	2 :	10	3 :	15
26	1 :	7	1 :	12	2 :	14	4 :	1
27	1 :	9	1 :	15	2 :	18	4 :	7

	1		1½		2		3	
	l.	s.	l.	s.	l.	s.	l.	s.
28	1	11	1	18	3	2	4	13
29	1	13	2	1	3	6	4	19
30	1	15	2	4	3	10	5	5
31	1	17	2	7	3	14	5	11
32	2		2	10	4		6	
33	2	3	2	14	4	6	6	9
34	2	6	2	18	4	12	6	18
35	2	9	3	2	4	18	7	7
36	2	12	3	6	5	4	7	16
37	2	16	3	10	5	12	8	8
38	3		3	15	6		9	
39	3	4	4		6	8	9	12
40	3	8	4	5	6	16	10	4
41	3	12	4	10	7	4	10	16
42	3	16	4	15	7	12	11	8
43	4		5		8		12	
44	4	4	5	5	8	8	12	12
45	4	8	5	10	8	16	13	4

	1		1½		2		3	
	l.	s.	l.	s.	l.	s.	l.	s.
46	4:	12	5:	15	9:	4	13:	16
47	4:	16	6:		9:	12	14:	8
48	5:		6:	5	10:		15:	
49	5:	4	6:	10	10:	8	15:	12
50	5:	8	6:	15	10:	16	16:	4
51	5:	12	7:		11:	4	16:	16
52	5:	16	7:	5	11:	12	17:	8
53	6:		7:	10	12:		18:	
54	6:	4	7:	15	12:	8	18:	12
55	6:	8	8:		12:	16	19:	4
56	6:	12	8:	5	13:	4	19:	16
57	6:	16	8:	10	13:	12	20:	8
58	7:		8:	15	14:		21:	
59	7:	5	9:	2	14:	10	21:	15
60	7:	10	9:	8	15:		22:	10
61	7:	16	9:	14	15:	10	23:	5
62	8:		10:		16:		24:	
63	8:	5	10:	6	16:	10	24:	15

		1		1½		2		3	
		l.	s.	l.	s.	l.	s.	l.	s.
6	4	8	10	10	12	17	:	25	10
6	5	8	15	10	18	17	10	26	5
6	6	9	:	11	4	18	:	27	:
6	7	9	5	11	10	18	10	27	15
6	8	9	10	11	16	19	:	28	10
6	9	9	15	12	3	19	10	29	5
7	0	10	:	12	10	20	:	30	:
7	1	10	6	12	17	20	12	30	18
7	2	10	12	13	5	21	4	31	16
7	3	10	18	13	12	21	16	32	14
7	4	11	4	14	:	22	8	33	12
7	5	11	10	14	7	23	:	34	10
7	6	11	16	14	15	23	12	35	8
7	7	12	2	15	2	24	4	36	6
7	8	12	8	15	10	24	16	37	4
7	9	12	14	15	18	25	8	38	2
8	0	13	:	16	5	26	:	39	:
8	1	14	10	18	2	29	:	43	10
8	2	15	13	19	12	31	7	47	1

	1		1½		2		3	
	l.	s.	l.	s.	l.	s.	l.	s.
83	16	16	21		33	12	50	9
84	17	18	22	8	35	17	53	16
85	19		23	16	38	1	57	2
86	20	2	25	3	40	5	60	7
87	21	3	26	9	42	7	63	10
88	22	4	27	15	44	8	66	13
89	23	4	29		46	9	69	14
90	24	4	30	6	48	9	72	14
91	25	4	31	10	50	8	75	13
92	26	3	32	14	52	7	78	11
93	27	2	33	18	54	5	81	7
94	28	1	35	1	56	2	84	4
95	28	19	36	4	57	19	86	18
96	29	17	37	7	59	15	89	12
97	30	15	38	9	61	10	92	5
98	31	12	39	11	63	5	94	18
99	32	9	40	12	64	19	97	9
100	33	6	41	13	66	13	100	

	4		5		6		
	l.	*s.*	*l.*	*s.*	*l.*	*s.*	
12	1 :	4	1 :	10	1 :	16	
13	1 :	8	1 :	15	2 :	2	
14	1 :	12	2 :		2 :	8	
15	1 :	16	2 :	5	2 :	14	
16	2 :		2 :	10	3 :		
17	2 :	4	2 :	15	3 :	6	
18	2 :	8	3 :		3 :	12	
19	2 :	12	3 :	5	3 :	18	
20	3 :		3 :	15	4 :	10	
21	3 :	8	4 :	5	5 :	2	
22	3 :	16	4 :	15	5 :	14	
23	4 :	4	5 :	5	6 :	6	
24	4 :	12	5 :	15	6 :	18	
25	5 :		6 :	5	7 :	10	
26	5 :	8	6 :	15	8 :	2	
27	5 :	16	7 :	5	8 :	14	
28	6 :	4	7 :	15	9 :	6	
29	6 :	12	8 :	5	9 :	18	

	4		5		6		
	l.	*s.*	*l.*	*s.*	*l.*	*s.*	
30	7	:	8	: 15	10	: 10	
31	7	: 8	9	: 5	11	: 2	
32	8	:	10	:	12	:	
33	8	: 12	10	: 15	12	: 18	
34	9	: 4	11	: 10	13	: 16	
35	9	: 16	12	: 5	14	: 14	
36	10	: 8	13	:	15	: 12	
37	11	: 4	14	:	16	: 16	
38	12	:	15	:	18	:	
39	12	: 16	16	:	19	: 4	
40	13	: 12	17	:	20	: 8	
41	14	: 8	18	:	21	: 12	
42	15	: 4	19	:	22	: 16	
43	16	:	20	:	24	:	
44	16	: 16	21	:	25	: 4	
45	17	: 12	22	:	26	: 8	
46	18	: 8	23	:	27	: 12	
47	19	: 4	24	:	28	: 16	

	4		5		6	
	l.	s.	l.	s.	l.	s.
48	20	:	25	:	30	:
49	20	:16	26	:	31	: 4
50	21	:12	27	:	32	: 8
51	22	: 8	28	:	33	:12
52	23	: 4	29	:	34	:16
53	24	:	30	:	36	:
54	24	:16	31	:	37	: 4
55	25	:12	32	:	38	: 8
56	26	: 8	33	:	39	:12
57	27	: 4	34	:	40	:16
58	28	:	35	:	42	:
59	29	:	36	: 5	43	:10
60	30	:	37	:10	45	:
61	31	:	38	:15	46	:10
62	32	:	40	:	48	:
63	33	:	41	: 5	49	:10
64	34	:	42	:10	51	:
65	35	:	43	:15	52	:10

	4		5		6	
	l.	*s.*	*l.*	*s.*	*l.*	*s.*
66	36:		45:		54:	
67	37:		46:	5	55:	10
68	38:		47:	10	57:	
69	39:		48:	15	58:	10
70	40:		50:		60:	
71	41:	4	51:	10	61:	16
72	42:	8	53:		63:	12
73	43:	12	54:	10	65:	8
74	44:	16	56:		67:	4
75	46:		57:	10	69:	
76	47:	4	59:		70:	16
77	48:	8	60:	10	72:	12
78	49:	12	62:		74:	8
79	50:	16	63:	10	76:	4
80	52:		65:		78:	
81	58:		72:	10	87:	1
82	62:	14	78:	8	94:	2
83	67:	5	84:	1	100:	18

		4		5		6		
		l.	s.	l.	s.	l.	s.	
84		71	15	89	14	107	13	
85		76	3	95	5	114	4	
86		80	10	100	12	120	15	
87		84	14	105	17	127	1	
88		88	17	111	2	133	6	
89		92	18	116	3	139	8	
90		96	19	121	4	145	9	
91		100	17	126	1	151	6	
92		104	15	130	19	157	3	
93		108	10	135	13	162	15	
94		112	5	140	6	168	8	
95		115	18	144	17	173	17	
96		119	10	149	8	179	5	
97		123	1	153	16	183	11	
98		126	11	158	3	189	16	
99		129	18	162	8	194	18	
100		133	6	166	13	200		

LOUIS par la Grace de Dieu Roy de
France et de Navarre, a nos Amez Feaux
Con.rs les gens tenans nos Cours de Parlem.t M.rs
des Request ordinaires de notre Hôtel Grand
Conseil Prevost de Paris Baillifs Senechaux leur
Lieutenans Civiles et autres Nos Justiciers qu'il ap-
partiendra SALUT notre bien aimé le S.r Clement
Chevillard Marchand Miroitier a Paris,
nous ayant fait Supplier de luy accorder nos
lettre de Permision pour la Graveure et jmpresion
dun petit Ouvrage qui a pour titre TARIF DU
PRIX DES GLACES DE LA MANUFACTURE
ROYALLE NOUS avons permis et permetons par
ces Presentes au dit Chevillard de fair Graver
ou jmprimer le dit Livre en tel Forme marge ca-
ractere et autant de foix que bon luy semblera
et de le Vendre fair Vendre et debiter partout notre
Royaume pendant le temps de trois années Conse
cutives a Compter du jour de la Datte des dites Pré-
sente, faisons défenses a tous Graveurs jmpri
meurs Librairs Marchand en Taille douce et
autre personnes de quelque qualité et condition quelle
soient den jntroduire djmpression ou Grave
ure étrangere dans aucun lieu de notre Obeis
sance, a la charge que ces Presentes seront
enregistrées tout au long sur le Registre de la
Communauté des Libraires et jmprimeurs de
Paris et ce dans trois Mois de la datte dycelles,
que la graveure et jmpression de ce Livre
sera fait dans notre Royaume et non ailleurs
en bon Papier et beau Caracteres Conforme

ment aux reglemens de la librairie, et quavant
que de lexposere en vente le Manuscrit Jmprimé
ou gravé Sera remis es mains denotre tres Cher
et feal Chevalier garde des Sceaux de France le Sr
fleuriau darmenonville et quil a en sera ensuitte
remis deux Exemplaires dans notre Bibliotequë
public, un dans celle de notre Chateau du Louvre
et un dans celle de notre dit tres Cher et feal Che
valier garde des Sceaux de france le Sr fleuriau
Darmenonville le tout apeine de nullité des Pre
sentes, DU CONTENU desquelles vous Mandons
et enjoignons de faire Jouir leaposant ou Ses
ayant Cause pleinement et paisiblement Sans
souffrir quil leur soit fait aucun trouble ou em
pechemens voulons qua la Copie des dites Pre
sentes qui sera jmprimeé ou gravée toutaulon
au Comencementou ala fin du dit Livre Soy
soit ajoutée Comme a loriginal, COMMENDONS
au premier notre Hussier ou Sergent de faire
pour lexecution djcelles tous actes requis et ne
cessaires sans demander autre permission et non
obstant Clameur de haro Charte Normande et
lettres ace Contraires CAR TEL est notre plai
sir DONNE a Paris le dixiesme Jour du mois
de Novembre LAN DE GRACE Mil Sept cent
vingt deux et de notre Reigne le huitiesme
PAR LE ROY EN SON CONSEIL

                              CARPOT
Registré sur le Registre Vᵉ de la Comunauté des
Libraires et Imprimeurs, de Paris, page, 245 nº
375 Conformement aux Reglemens et notamment a
Larrest du Conseil du 13 Aoust 1703 Paris
le 13 Novembre 1722 Signé BALLARD

Top dimension row (headers): 10 | 48 49 50 51 52 53 54 55 56 57 58 59 60 61 62 63 64 65 66 67 68 69 70 71 72

n	valeurs
10	50 52 54 56 58 60 62 64 66 68
11	55 58 60 62 64 66 68 70 72 75
12	60 63 65 68 70 72 74 76 79 82
13	66 68 71 74 76 78 80 83 86 88
14	71 74 77 80 82 84 87 89 92 95
15	76 79 83 86 88 91 93 96 99 102
16	82 86 89 92 94 97 99 102 106 110
17	88 91 95 98 100 103 106 108 113 117
18	94 97 101 104 106 109 112 115 120 125
19	100 103 107 110 113 116 119 122 126 133
20	106 109 113 116 119 123 126 130 136 140 146 152
21	115 119 123 126 129 133 136 140 146 150 156 162
22	124 128 133 136 139 143 146 150 156 160 166 172
23	133 138 143 146 149 153 156 160 166 170 176 182
24	148 153 156 159 163 166 170 176 180 186 192
25	153 158 163 166 169 173 176 180 186 192 198 205
26	161 167 171 175 179 183 187 192 199 204 210 218
27	160 175 180 184 189 194 199 205 210 216 225
28	157 184 190 195 200 205 210 217 223 228
29	185 194 200 205 210 215 220 230 235 240
30	194 202 210 215 220 230 240 245 250
31	202 210 220 225 230 240 250 255 260
32	212 220 230 235 240 250 260 265 270
33	222 230 240 245 250 260 270 275 280
34	230 240 250 255 260 270 275 280
35	237 246 255 260 270 280 285 290
36	244 252 260 268 275 285 295 300
37	251 259 267 275 284 293 302 315
38	258 266 275 284 293 302 315 325
39	265 274 283 292 301 310 325 335 345
40	272 281 290 300 310 320 330 345 355
41	281 290 300 310 320 330 340 355 365
42	290 300 310 320 330 340 350 365 375
43	300 310 320 330 340 350 360 375 385
44	310 320 330 340 350 360 370 385 395
45	320 330 340 350 360 370 380 395 405
46	330 340 350 360 370 380 390 405 425
47	340 350 360 370 380 390 405 425 440
48	350 360 370 380 390 405 425 440 455
49	390 405 425 440 455 470
50	425 440 455 470 485
51	455 470 485 500
52	485 500 515
53	515 530
54	545
55	—
56	—
57	—
58	—
59	—
60	—
61	—
62	—
63	—
64	—

prix des glaces de la manufacture de St Antoine

	14	15	16	17	18	19	20	21	22	23	24	25	26
10	5:5	5:10	5:15	6	7	8	9	10	11	12	13	14	15
11	5:10	6	6:10	7	8	9	10	11	12	13	14	15	16
12	6	7	7:10	8	9	10	11	12	13	14	15	16	17
13	7	7:10	8	9	10	11	12	13	14	15	16	17	18
14	8	8:10	9	10	11	12	13	14	15	16	17	18	19
15		9	10	11	12	13	14	15	16	17	18	19	20
16			11	12	13	14	15	16	17	18	19	20	21
17				13	14	15	16	17	18	19	20	21	23
18					15	16	17	18	19	21	22	23	25
19						17	18	19	20	22	23	25	27
20							19	20	21	23	25	27	30
21								21	23	25	27	29	33
22									25	27	29	31	36
23										29	31	33	38
24											33	35	40
25												37	43
26													46

35	36	37	38	39	40	41	42	43	44	45	46	47
36	150	157	164	172	180	185	197	204	212	220	228	236
37		165	172	180	186	193	204	211	219	227	235	244
38			180	186	193	200	211	218	226	234	242	251
39				195	200	208	218	225	234	242	250	258
40					210	216	225	232	242	250	258	265
41						225	232	240	250	258	266	273
42							240	247	257	264	274	282
43								255	263	272	282	290
44									273	280	290	300
45										288	301	310
46											310	320 330

27	28	29	30	31	32	33	34	35	36	37	38	39	40	41	42	43	44	45	46	47
16	17	18	19	20	21	22	23	24	26	28	30	32	34	36	38	40	42	44	46	48
17	18	19	20	21	22	24	26	28	29	31	33	35	37	39	41	44	46	48	51	53
18	19	20	21	23	25	27	29	30	32	34	36	38	40	43	45	48	50	53	55	58
19	20	21	23	25	27	29	31	33	35	37	39	41	44	46	49	52	55	57	60	63
20	21	23	25	27	29	32	34	36	38	41	43	45	48	50	53	56	59	62	65	68
21	23	25	27	29	32	35	37	40	42	45	47	49	52	54	57	60	63	66	69	73
23	25	27	29	32	35	38	41	44	47	50	52	54	57	59	62	65	68	72	75	79
25	27	29	31	35	38	41	44	48	52	55	57	59	62	64	67	70	73	77	81	84
27	29	31	34	38	41	44	47	51	55	60	62	64	67	70	73	76	79	82	86	90
29	32	34	37	41	44	47	50	54	58	64	67	70	73	76	79	82	86	89	93	96
32	35	37	40	44	47	50	53	58	63	69	72	75	78	80	85	88	92	95	99	102
36	38	40	43	47	50	53	57	63	68	73	76	80	84	88	91	95	99	103	107	111
38	41	43	46	50	53	57	62	70	76	81	84	88	91	95	99	103	107	111	116	120
40	43	46	49	53	57	64	70	76	84	88	92	96	99	102	106	111	115	120	124	129
43	46	49	52	57	62	77	78	83	92	96	100	103	106	110	114	119	124	129	133	138
46	49	52	55	62	68	80	85	90	100	104	108	111	114	118	122	128	133	138	143	146
49	52	55	58	65	73	83	90	100	110	113	116	119	122	126	130	136	141	146	151	156
52	55	58	61	68	76	86	94	104	114	120	124	128	131	134	138	144	148	154	159	164
	58	61	64	71	79	89	98	108	118	124	130	134	138	142	146	152	157	162	167	172
		64	67	74	82	92	102	102	122	128	134	140	145	150	153	160	165	170	175	188
			70	77	85	95	106	116	126	132	138	144	150	155	160	165	171	177	185	188
				80	88	98	110	120	130	136	142	148	154	160	165	170	175	184	191	196
					92	102	114	124	134	140	146	152	158	165	170	175	182	190	200	205
						105	118	128	138	144	150	156	163	170	175	180	190	200	208	215
							122	132	142	148	154	160	167	175	182	190	198	206	215	222
								135	146	152	158	164	172	180	190	197	205	213	222	229

www.ingramcontent.com/pod-product-compliance
Lightning Source LLC
LaVergne TN
LVHW021748060726
842528LV00003B/852

9 782329 244617